Jean de Burigny

DISSERTATION SUR L'EXISTENCE DES GÉNIES

Dans laquelle on rapporte
ce que les peuples les plus célèbres
et les Philosophes ont pensé.

Copyright © 2022 by Culturea
Édition : Culturea 34980 (Hérault)
Impression : BOD - In de Tarpen 42, Norderstedt (Allemagne)
ISBN : 9782382742105
Dépôt légal : Octobre 2022
Tous droits réservés pour tous pays

I. — CE QUE L'ÉCRITURE NOUS APPREND DES ESPRITS

L'existence des anges était un dogme reçu presque généralement chez tous les Juifs. Les seuls Saducéens contredisaient cette doctrine, en niant qu'il y eût des Esprits [1] ; ce qui doit paraître très singulier, puisque les Livres sacrés de l'Ancien Testament, et même le Pentateuque, supposent en une infinité d'endroits qu'il y a des anges. La première espèce dont il soit parlé dans l'Écriture est celle des chérubins. Dieu en avait placé un à l'entrée du Paradis terrestre [2] pour garder l'arbre de vie après la désobéissance du premier père. Le Prophète Ezéchiel suppose [3] qu'ils avaient des ailes.

Les Commentateurs qui ont fait la description de la figure des Chérubins [4] ont moins consulté l'Écriture que leur propre imagination : aussi en ont-ils fait des monstres. Ils ont cru qu'ils tenaient de l'homme, de l'aigle, du bœuf et du lion. Ils avaient, disent-ils, le visage de l'homme, le dos couvert d'un grand poil comme celui de la crinière d'un lion, les cuisses et les pieds de veau, et le corps couvert de quatre grandes

---

[1] Act., c. 23. v. 8.
[2] Genes., c. 3. v. 14.
[3] Ezéch., c. 10. v. s. et 10.
[4] V. Calmet, sur la Genèse, c. 3.

ailes : d'autres les ont dépeints comme un homme, dans la tête duquel on voyait la face de l'homme, du bœuf et du lion de trois côtés, et un aigle placé sur un casque qui couvrait cette tête à trois faces. Entre et derrière les épaules, on voyait quatre grandes ailes, deux de chaque côté. Cette figure avait quelque rapport au Sphinx ; ce qui a fait croire à saint Clément d'Alexandrie que le Sphinx des Égyptiens était une imitation du Chérubin des Hébreux. Le Prophète Isaïe parle de ces esprits [5] ; il assure que Dieu est assis sur les Chérubins : il fait aussi mention des Séraphins, et c'est le seul des écrivains sacrés qui en dise quelque chose ; il les dépeint [6] comme ayant six ailes. Nous voyons dans les Psaumes, qu'il y a un ordre de substances spirituelles appelées Vertus [7], qui servent de ministres à l'être éternel.

Le nom le plus communément donné à ce genre de créatures est celui d'Anges, qui dans son origine signifie député ou messager. L'auteur de la Genèse, qui suppose l'existence de ces esprits, n'a pas jugé à propos de parler du temps de leur création ; ce qui a été l'occasion de plusieurs conjectures frivoles pour les Commentateurs, qui se croient dans l'obligation de deviner ce que l'Auteur qu'ils interprètent a laissé

---

[5] Isaï., c. 37. v. 16.
[6] C. 6. v. 2.
[7] *Benedicite Domino omnes virtutes ejus, ministri ejus, qui facitis voluntatem ejus*, (Ps. 102, v. 21).

dans l'obscurité. Les Pères grecs et latins qui ont précédé saint Augustin ont enseigné [8] que les anges furent créés avant le monde ; et ils se fondent sur le passage de Job [9] qui dit que les fils de Dieu louaient l'Éternel avec les astres du matin, lorsqu'il posait les fondements de la terre. Saint Augustin suivi en cela du plus grand nombre des Interprètes, a cru que les anges avaient été créés le premier jour avec la lumière. Origène a prétendu que, sous le nom d'eaux supérieures que l'Écriture place au-dessus du Firmament et que le Prophète invite à louer le seigneur, il ne fallait point entendre des eaux réelles, mais les esprits bienheureux, et que les eaux inférieures, qui sont placées dans les abîmes, n'étaient autre chose que les Démons, mais ces allégories ont trouvé peu de partisans. Ce qui est constant par l'Écriture, c'est qu'il y a un grand nombre d'esprits méchants, dont la principale fonction est de persécuter les hommes et de les induire en tentation [10]. Ils n'étaient pas méchants dans l'origine, mais ayant voulu se rendre indépendants de l'Être suprême, ils sont restés dans cet état habituel de méchanceté. Le temps qui a précédé leur apostasie n'est point exprimé dans l'Écriture, saint Augustin a cru qu'ils avaient péché le jour même de leur création. La preuve qu'il en donne n'est

---

[8] Petau, de Angel. L. I, c. 15. Calmet, comment. Genes., c. I.
[9] Job, c. 38. v. 7.
[10] Job, c. I. v. 12. Ecclésiastique, c. 39, v. 33 et 34.

pas démonstrative. Il se fonde sur ces paroles de la Genèse : *il sépara la lumière des ténèbres*, c'est-à-dire, que selon ce Père, Dieu sépara les bons Anges d'avec les mauvais. On ne trouve le nom ni d'aucun Ange, ni d'aucun diable dans les Livres écrits avant la captivité, car le terme de Satan qui répond à celui d'*adversaire*, caractérise plutôt les fonctions du chef des mauvais esprits, qu'il ne le désigne par son vrai nom ; c'est ce qui a fait dire aux Juifs dans le Talmud de Jérusalem, que c'était à Babylone que leurs pères avaient appris les noms des anges [11].

Les Livres sacrés écrits depuis la destruction de la Monarchie des Juifs nous apprennent les noms de quelques Anges. Daniel [12] parle de Michel et de Gabriel. Il suppose que Gabriel avait des ailes. Raphaël est le héros du Livre de Tobie [13] : il triomphe d'Asmodée ; il le saisit et l'enchaîne dans les déserts de la haute Égypte. C'est lui qui présente à Dieu les prières de Tobie ; et il est un des sept esprits qui sont toujours devant le Seigneur [14].

Il est fait mention d'Uriel et de Jérémiel dans le quatrième Livre d'Esdras ; mais ce Livre n'est pas canonique.

---

[11] *Nomina angelorum ascendisse cum Judeis ex Babylonia.* Historia vet. Perfarum, Hysde c. 20, p. 273.
[12] Daniel, c. 9, v. 21.
[13] Tobie c. 8, v. 3, c. 12, v. 12 et 15.
[14] Apocalypse c. I, v. 4.

Le premier nom propre de diable que nous lisions dans l'Écriture, est celui d'Asmodée, dont il est parlé dans le Livre de Tobie [15] ; et en expliquant assez naturellement ce qui est dans cet Ouvrage, on pourrait penser que le diable est susceptible d'amour et de jalousie : il semble que ce sont ces passions qui déterminèrent Asmodée à tuer les sept premiers maris de Sara. Il est parlé dans ce même Livre [16] d'une recette, pour mettre en fuite tous les démons. Elle consistait à mettre sur des charbons une partie du cœur d'un gros poisson, qui malheureusement n'est pas nommé. La fumée éloignait les mauvais esprits. La musique produisait aussi ces mêmes effets ; et le Roi Saül y avait recours, pour être soulagé, lorsqu'il était tourmenté par le mauvais esprit [17]. C'était une opinion reçue chez les Juifs, que les Diables avaient part à tous les malheurs qui affligeaient les hommes. Ils croyaient que la plupart des maladies devaient être attribuées à l'opération des démons ; ils pensaient que quelques-uns de ces esprits présidaient aux maladies du jour, et d'autres à celles de la nuit. Ils ne doutaient pas que David ne supposât cette doctrine, lorsqu'il parle du démon du midi [18].

Mais si le genre humain a des ennemis terribles

---

[15] Tobie c. 3, v. 8.
[16] Tobie c. 6, v. 18.
[17] Reg. L. 1, c. 16, v. 23.
[18] Psaume 90, T. 6, v. le P. Calmet.

dans la personne des mauvais esprits, il a aussi de puissants protecteurs dans les Anges, dont les fonctions sont de veiller sur la conduite des gens de bien, et de les secourir : c'est ce que David suppose, lorsqu'il console ceux qui sont dans l'oppression par l'espérance du secours des anges [19].

Ces bienheureux esprits non seulement ont soin de particuliers, mais aussi il y en a de préposés pour veiller sur toute une nation. Il est parlé dans le Prophète Daniel de l'Ange des Perses et de l'Ange des Grecs [20]. Michel est nommé le protecteur du peuple d'Israël. Quoique ces créatures ne fussent occupées qu'à faire du bien aux hommes, on craignait cependant de les apercevoir, dans la persuasion où l'on était, que l'on ne pouvait pas voir un Ange sans courir risque de la mort ; ce qui a fait dire à Gédéon : *malheur à moi, j'ai vu l'Ange du Seigneur face à face* [21] ! Les anges, quoique purs esprits, sont presque toujours représentés dans l'Ancien Testament, comme ayant des corps, et paraissant faire des fonctions corporelles. On les voit manger chez le patriarche Abraham [22]. Le Prophète Michée nous fait entendre que le nombre de ces esprits est très grand [23], lorsqu'il assure qu'il a vu

---

[19] *Immittet angelus Domini in circuitu zimentium eum, et eripiet eos.* 33, v. 8.
[20] Daniel, c. 10, v. 13, 10, 21.
[21] Juges, c. 6, v. 22.
[22] Genèse, c. 18, v. 9.
[23] Rois, I. 3, c. 22, v. 19.

le seigneur sur son trône, et toute l'armée des cieux à sa droite et à sa gauche.

Le Nouveau Testament entre dans un plus grand détail de la haine dont le démon est animé contre les hommes. On y voit que Jésus-Christ même ne fut pas à l'abri de la témérité de l'Ange tentateur [24]. Cet esprit rebelle tente le Sauveur dans le désert. Il le transporte sur le pinacle du Temple, ensuite sur une montagne très haute d'où lui ayant montré tous les Royaumes de la Terre, il lui dit [25] : je vous donnerai tous ces états avec leur magnificence, parce qu'ils m'ont été livrés, et que je les donne à qui je veux, si vous m'adorez. Saint Pierre assure [26] que le Diable, semblable à un Lion rugissant, n'est occupé qu'à chercher à dévorer les hommes. Ces esprits impurs non contents de tourmenter le genre humain, entrent aussi dans les corps des animaux. Ils vont quelques fois se promener dans des lieux arides, sans pouvoir trouver de repos [27]. Leur demeure ordinaire est l'Enfer, d'où ils ne sortent que lorsque Dieu leur permet d'aller tenter les hommes ; car saint Pierre et saint Jude assurent [28] que les Anges rebelles furent précipités dans le Tartare, pour y être

---

[24] Matth., c. 4.
[25] Luc, 4, v. 5 et 6.
[26] Epit., 1, c. 5, v. 8.
[27] Matt., 8, v. 32. Marc, 5, v. II. Luc, 8, v. 32.
[28] Petr. c. 2, v. 4, Jud. v. 6.

punis jusqu'au jour du jugement. Le chef des démons était connu chez les juifs sous le nom de Béelzebut [29].

Si l'Écriture nous apprend que les hommes ont de cruels ennemis dans les anges rebelles, elle prouve aussi qu'ils ont de puissants amis dans les bons anges. C'était une opinion reçue constamment chez les Juifs, que chaque personne avait un Ange pour le diriger. Jésus-Christ l'autorise, lorsqu'il dit [30] : Ne méprisez aucun de ces petits, parce que leurs Anges voient toujours la face de mon père qui est dans les Cieux. Lorsque Rhode vint dire à l'assemblée [31] qui était dans la maison de Marie mère de Jean Marc que saint Pierre, que l'on croyait être en prison, avait frappé à la porte, on ne voulait pas la croire ; chacun disait : c'est plutôt son ange.

J.C. nous a appris quelles seront les fonctions des anges à la consommation des siècles. Ce sont eux qui sonneront de la trompette, pour assembler les Élus. Ils sépareront les bons d'avec les méchants dans le jugement dernier, et ils enverront ceux-ci dans l'étang de feu [32]. Nous savons aussi par J.C. qu'il y a une nombreuse quantité d'Anges ; car il assure [33] qu'il

---

[29] Matthieu 12, v. 24. Mar, 3, v. 23, Luc, 21, v. 15.
[30] Matthieu, 18. v. 10.
[31] Actes, 12. v. 15.
[32] Matthieu, 24, v. 31. et 13, v. 49 et 50.
[33] Mat,. 26, v. 53.

est le maître de prier son Père, qui enverrait à son secours plus de douze légions d'anges.

Saint Paul est celui de tous les Écrivains sacrés, qui nous instruit le plus en détail des différents ordres des esprits célestes [34]. Maïmonide croyait à la vérité avoir découvert dans l'Ancien Testament dix espèces différentes d'esprits. Mais saint Paul s'est expliqué plus clairement. Il parle des Principautés, des Puissances, des Vertus, des Dominations, des Trônes, des Archanges [35]. Saint Jérôme examine d'où l'Apôtre a tiré ces connaissances. Il prétend que c'est dans les traditions des Hébreux [36]; que l'Écriture ne nous a pas révélé tous les différents ordres d'Anges qui existaient.

Dans la suite des temps, on a distingué les substances célestes en différents chœurs. Cette distinction se trouve pour la première fois dans les Livres attribués à saint Denis l'Aréopagite, et elle a été adoptée par saint Grégoire le Grand. C'est donc d'après eux que les Théologiens enseignent [37] qu'il y a trois Hiérarchies, et voici comment ils les rangent: les Séraphins, les Chérubins, les Trônes, les Dominations, les Vertus, les Puissances, les Principautés, les Archanges

---

[34] Petau, *de Ang.* L. 1. c. I.
[35] Ephas., I, v. 21. Collos., I, v. 16. Thessal., I, c. 4, v. 15.
[36] Petau, *ibidem*.
[37] S. Thomas, i. P. quaes. 18. art. 5.

et les Anges. Les Grecs célèbrent [38] encore à présent la fête des neuf ordres des anges le 8 novembre ; et on lit dans leur Ménologe [39], que Samæz un des Chefs des Anges se révolta contre Dieu ; qu'après cette rébellion il fut appelé le diable, et que c'était Michel qui était à la tête des bons Anges.

---

[38] Cangii Consta. Chris. L. 4. 188.
[39] Menol. Graecu après Ughellius t. 19. p. 189.

II. — PLUSIEURS PÈRES DES PREMIERS SIÈCLES ONT CRU QUE LES ANGES AVAIENT DES CORPS

Quoique les Pères des premiers siècles donnassent beaucoup dans l'allégorie, ils prenaient souvent trop à la lettre des passages de l'Écriture que nous croyons, en suivant le sentiment de l'Église, devoir interpréter différemment qu'eux. Ne consultant que le sens apparent du texte sacré, ils étaient persuadés que les anges et les démons avaient des corps.

Saint Justin parle de la nature de ces êtres [40] comme s'ils eussent été des substances très subtiles, mais non absolument spirituelles et incorporelles. C'est pourquoi il leur attribue des actions qui ne peuvent se faire sans corps. Car il dit que quelques Anges, ayant reçu de dieu le gouvernement du monde, se rendirent bientôt prévaricateurs de la Loi, et que par le commerce qu'ils eurent avec les filles des hommes, ils engendrèrent les êtres que nous appelons les démons. Cette opinion passe aujourd'hui pour ridicule et insoutenable, mais elle n'était point extraordinaire dans ces premiers siècles. Elle était appuyée, dit M. de Tillemont, sur le sens mal entendu de l'Écriture selon la version des Septante, à qui l'on rendait alors

---

[40] Tillem, Art. XVIII, T. 2, p. 388.

plus de respect et de déférence [41] qu'au texte Hébreu. Saint Justin a trouvé beaucoup d'Auteurs célèbres, et les plus grands esprits d'entre les Pères, qui l'ont suivi dans la pensée qu'il avait touchant la nature des anges. Justin croyait aussi que les Anges se nourrissaient dans le Ciel. Il le prouve par les passages de l'Écriture dans lesquels il est parlé du pain des anges. C'était aussi une opinion commune dans les premiers siècles [42] que les démons se nourrissaient du sang des victimes que l'on sacrifiait.

Parmi les rêveries d'Origène, qui ont été condamnées dans le cinquième concile, il y en a plusieurs qui ont rapport à sa doctrine sur les anges. Il croyait [43] que toutes les espèces spirituelles étaient égales dans leur origine ; que leur différence n'était causée que par la différence de leurs corps ; que les anges et les archanges devenaient âmes, ensuite anges ou démons. Les corps que les Pères donnaient à ces êtres étaient beaucoup plus légers que ceux des hommes, ainsi que dit Cassien [44].

Lorsque l'on trouve, dans les Anciens, que les anges ou les démons sont incorporels, il n'en faut pas conclure qu'ils les croyaient des substances par-

---

[41] Petau, *de Angelis*, L. 3, c. 1, L. I, 3, 2.
[42] Petau, L. 3, c. I. Spencer, L. 2, c. 3. *Disser. In act.*, p. 451.
[43] Harduin, com. T. 3. Fabri, *Bib. Graeca*, T. XI, p. 19 et 30.
[44] Habent enim secundum se corpus quo subsistunt, licet multo tenuius quam nos. Cassien, *Collat.*, 7, CXIII, p. 439.

faitement spirituelles, le terme d'incorporel chez les anciens n'excluait ordinairement que les corps grossiers. C'est ce qui est clairement exprimé dans les fragments de Théodore, qui écrivait ainsi dans le second siècle de l'Église [45] : « On dit que les démons sont incorporels. Ce n'est pas qu'ils n'aient point de corps ; car ils ont une figure par laquelle ils sont susceptibles de punition : mais c'est par comparaison avec les autres corps, auprès desquels ils ne sont que comme les ombres. Les Anges ont des corps, puisqu'ils sont visibles. L'âme même est corporelle. » Les Mahométans croient aussi [46] que les Anges et les Diables sont revêtus d'un corps de feu, et la différence qu'ils mettent entre les bons et les mauvais Anges, c'est que le feu qui compose le corps du diable, est empoisonné.

Les anciens n'avaient point d'idée exacte de la spiritualité. C'est ce qui est démontré par la façon dont ils s'exprimaient au sujet de l'âme. Saint Irénée a avancé que l'âme était un souffle, qu'elle n'était incorporelle que par comparaison avec les corps grossiers [47] ; ce qui a fait avouer au Père Massuet [48], que l'on ne pouvait pas nier que saint Irénée ne se fut écarté de la vraie Théologie et de la vraie Philosophie,

---

[45] Theod., *Eclogae fabric.*, T. 5, p. 144.
[46] Pheissen, *Theologia Judaïca*, Epist. dedic. n. 5.
[47] *Flatus est enim vitae ; sed incorporables animae quantum ad comparationem mortalium corporum.* Irénée, L. 5, c. 7, p. 300. L. I, c. 14, p. 16.
[48] *Prolegom.*, p. 161.

dans ce qu'il a écrit sur la nature de l'âme. Tertullien suppose dans tous ses ouvrages que l'âme est corporelle. Il entreprend de le prouver dans un traité particulier [49] : il croit que c'est la Doctrine de l'Écriture. Il enseigne que la figure de l'âme est semblable à celle du corps ; et dans la définition qu'il en donne, il y fait entrer qu'elle est corporelle, et qu'elle a une figure, *corporalem et figiatam*. Tatien assure [50] qu'il y a plusieurs parties dans l'âme, et qu'elle est corporelle. Saint Hilaire prétend [51] que tout ce qui est créé, soit intelligent, soit d'une autre nature, est corporel. Saint Ambroise enseigne [52] qu'il n'y a que la Sainte Trinité exempte de composition matérielle. Cassin et Gennadius assurent [53] que Dieu seul est incorporel. Méthodius et Fauste de Riez [54], qui a été réfuté par Claudien, Mammert, ont soutenu que l'âme était corporelle. Ces idées doivent nous faire excuser plus facilement les Saducéens et les Esséniens, dont le système était que l'âme était composée d'un air très pur et très subtil [55]. On peut cependant interpréter favorablement

---

[49] *De anima*, c. 7, 9 et 21.
[50] Tatianus, *adver. Graecos*, p. 153.
[51] Nam de animarum species, sive attinentium corpora, sive corporibus exulantium, corpoream tamen naturae suae substantiam fortiuntur. Hilarius, *in Matth.*, p. 633.
[52] Ambros. *De Abraham*, L. 2, 2, 8, n. 58, p. 338.
[53] Cassien coll., 7, CXIII. Gennadius, *de Eccles.* Dogm., c. XI.
[54] Méthodius dans Phothius, cod. 134, p. 932.
[55] Joseph, *de bello Judaïco*, l. 1, c. 12. Porphyrius, *de abst.* I, 4, 513, p. 162. Voyez aussi l'*Histoire de la Philosophie Payenne*,

les erreurs apparentes, du moins de quelques-uns de ces hommes si célèbres que nous venons de nommer, en les accusant simplement de s'être mal exprimés ; ils appelaient corps généralement tout ce qui existe. Ainsi Tertullien donne un corps à Dieu même, quoiqu'ailleurs il établisse sa simplicité parfaite. Le mot corps alors était le mot opposé à néant. On ne peut nier cependant, en particulier de ce Docteur, qu'il n'ait cru l'âme vraiment corporelle, après tout ce qu'il a écrit pour le prouver.

T. I, p. 175.

III. — RÊVERIES DES PREMIERS HÉRÉTIQUES AU SUJET DES SUBSTANCES INTELLIGENTES.

Les Hérétiques des premiers siècles ne se contentèrent pas de ce qu'ils avaient vu dans l'Écriture sur les Anges. Ils débitèrent au sujet des intelligences de si grandes absurdités, qu'on aurait peine à le croire, si elles n'étaient attestées par les auteurs les plus graves. Simon le Magicien passe pour l'inventeur des Éons [56] rendus si célèbres par les Valentiniens. On croit que c'était comme autant de personnes, dont ils composaient leur plénitude et leur divinité fantastique. Simon en avait huit au moins ; la profondeur, le silence, l'esprit, la vérité, le verbe, la vie, l'homme, et l'Église. Il appelait Hélène sa première intelligence. C'était une femme publique qu'il menait avec lui, et qu'il prétendait être l'Hélène d'Homère. C'était par cette première intelligence, disait-il qu'il avait eu d'abord dessein de créer les Anges. Mais elle qui savait la volonté de son père, le prévint, et engendra les Anges et les autres puissances spirituelles, auxquelles elle ne donna aucune connaissance de son père. Ce furent ces anges et des puissances qui firent le monde et les hommes. Simon donnait à ces

---

[56] Tillem., T. 2, art. Simon, p. 36.

Anges divers noms barbares qu'il inventait ; et dans la supposition qu'il y avait plusieurs Cieux, il attribuait chaque Ciel à un Ange. Ces Anges ne voulant pas que l'on sût qu'ils avaient été engendrés, avaient retenu leur mère parmi eux. Ils lui avaient fait toute sorte d'outrages et de violences, pour l'empêcher de remonter vers son père. Ils l'avaient enfermée dans des corps de femmes, et entre autres dans celui d'Hélène, femme de Ménélas.

Ménandre, qui avait été disciple de Simon, prétendait [57] que les Anges avaient été engendrés par l'intelligence divine ; que c'étaient eux qui avaient fait le monde et le corps de l'homme ; que pour lui il était venu en qualité de sauveur donner aux hommes la Science et le moyen de vaincre les Anges Créateurs du monde.

Les gnostiques reconnaissaient deux principes [58], l'un bon et l'autre mauvais. Ils admettaient huit différents Cieux, qui avaient chacun un Prince pour le gouverner. Le prince du septième était Sabaot ; c'est lui, disaient-ils, qui a fait le Ciel et la Terre, et les six derniers Cieux avec plusieurs anges. Ils le faisaient Auteur de la Loi des Juifs : ils disaient qu'il avait la forme d'un âne ou d'un cochon. Ils mettaient dans le huitième Ciel leur Barbelo ou Barbero, à qui ils donnaient des cheveux de femme, et qu'ils appelaient tan-

---

[57] Tillem., T. 1, p. 41.
[58] Tillem., p. 49, T. 1.

tôt le père, tantôt la mère de l'Univers. On assure que tous ceux d'entre les hérétiques qui ont pris le nom de gnostiques, distinguaient le Créateur de l'Univers, du Dieu qui s'est fait connaître aux hommes par son fils.

Cérinthe ne croyait pas [59] que dieu fût l'Auteur des Créatures. Il prétendait que le monde avait été fait par une vertu et par une puissance bien inférieure aux êtres invisibles, qui n'avait aucune communication avec eux, et qui même n'avait aucune connaissance de Dieu. Tertullien, saint Épiphane, saint Augustin et Théodoret disent qu'il attribuait la création du monde à plusieurs Anges et à diverses puissances inférieures. Il avait son Silence, sa Profondeur, sa Plénitude, plusieurs êtres invisibles et ineffables, qu'il plaçait au-dessus du Créateur. Il soutenait que la Loi et les Prophéties venaient des Anges ; que le Dieu des Juifs n'était qu'un Ange ; et que celui qui avait donné la Loi était un des Créateurs du monde, et même un mauvais Ange, au rapport de saint Épiphane.

Saturnin, disciple de Ménandre, enseignait [60] qu'il y avait un Père souverain, inconnu à tout le monde, qui avait fait les Anges et les Archanges, et les autres natures spirituelles et célestes. Il croyait que sept de ces Anges s'étaient soustraits à la puissance du souverain Père, et avaient créé le monde et tout ce qu'il

---

[59] Tillem., p. 57. T. 21.
[60] Tillem., T. 1. p. 117.

contient, sans que Dieu le Père en eût connaissance, que ces Anges possédaient chacun leur portion du monde ; qu'ils étaient Auteurs d'une partie des Prophéties, mais que les autres venaient de Satan, ennemi des Anges Créateurs de l'Univers, et particulièrement du Dieu des Juifs, qu'il disait être aussi un Ange, et l'un des sept qui avaient créé le monde. Il ajoutait que Dieu ayant fait paraître une image toute brillante, et l'ayant aussitôt retirée, tous les anges créateurs, ravis d'avoir vu cette image qui était, disaient-ils, celle de Dieu, s'étaient assemblés, et que pour imiter cette image, ils avaient formé un homme, lequel ne pouvait que ramper sur terre comme un ver, jusqu'au temps que Dieu en ayant eu compassion, parce qu'il était fait à son image, lui avait envoyé une étincelle de vie qui l'avait animé, et l'avait dressé sur ses pieds. Il disait que le Dieu des Juifs et tous les autres Princes Créateurs du monde s'étaient soulevés contre le Père, et que le Christ son Fils était venu s'opposer à eux pour détruire le Dieu des Juifs, sauver ceux des hommes qui étaient bons, et perdre les méchants avec les démons qui les assistaient.

Basilide, disciple aussi de Ménandre, mettait diverses générations en Dieu [61] dont la dernière avait produit des Anges qui avaient fait un Ciel. Il prétendait que ces Anges en avaient produit d'autres, qui

---

[61] *Ibid.*, p. 110.

avaient fait un second Ciel sur le modèle du premier, et ainsi toujours successivement jusqu'au nombre de 365. Cieux, avec une infinité d'anges, auxquels il donnait des noms tels qu'il lui plaisait. Il soutenait que les Anges du dernier ciel, qui est celui que nous voyons, avaient fait tout ce qui est dans notre monde ; qu'ils avaient distribué entre eux les provinces et les peuples de la terre ; que le chef de ces Anges était le Dieu des Juifs ; et que tous les autres s'étaient réunis contre lui, parce qu'au préjudice du partage fait entre eux, il avait voulu soumettre toutes les nations à la sienne. Il attribua les Prophéties aux Anges Créateurs, et la Loi au Dieu des Juifs.

Carpocrate et ses disciples attribuaient [62] la création du monde à des Anges, qui ne voulaient point reconnaître l'autorité de Dieu.

Les Valentiniens établissaient trente Éons [63] divisés en trois classes. Ils croyaient que le diable avait été produit par le trentième Éon, et avait produit ceux qui ont créé le monde.

Marcion ajouta à ces égarements [64] l'audace avec laquelle il blasphémait le Créateur, qu'il supposait non seulement être inférieur au Dieu souverain, ce qui était commun à tous les Gnostiques, mais qu'il soutenait être mauvais et l'auteur du mal. Tatien,

---

[62] *Ibid.*, p. 254.
[63] *Ibid.*, p. 160.
[64] *Ibid.*, p. 268.

chef des Encratites, admettait [65] ainsi que Valentin, des Éons invisibles, des Principautés, des Productions et autres folies semblables.

Ces étranges visions paraissent avoir été puisées dans la doctrine des Chaldéens, avec laquelle elles ont un très grand rapport. Plutarque s'est étendu sur les sentiments de ce peuple dans le traité d'Isis et d'Osiris. Nous y voyons que Zoroastre admettait deux principes ; qu'il appelait Oromazes le bon principe, et le mauvais Arimanius ; que le premier ressemblait à la lumière, et l'autre aux ténèbres et à l'ignorance, qu'Oromazes était né de la plus pure lumière et Arimanius des ténèbres ; qu'ils sont toujours en guerre. « L'un a fait six Dieux, ajoute Plutarque [66], le premier est celui de bienveillance, le second de vérité, le troisième de bonne foi, le quatrième de sapience, le cinquième de richesses, le sixième de joie pour les choses bonnes et bien faites. Arimanius en a produit six aussi, tous adversaires et contraires à ceux-ci. » Les Chaldéens disaient aussi qu'Oromazes avait fait vingt-quatre Dieux qu'il avait mis dans un œuf ; et que les autres, qui avaient été faits par Arimanius en pareil nombre, avaient gratté et ratissé tant cet œuf, qu'ils l'avaient percé, et que, depuis ce temps-là, les maux avaient été pêle-mêle brouillés avec les biens. Il

---

[65] *Ibid.*, p. 412.
[66] Trad. d'Amiot.

est difficile de ne pas croire que ces extravagances ne cachassent pas quelque sens allégorique.

IV. — LES PLUS FAMEUX PHILOSOPHES ONT ADMIS DES ESPRITS

Cette opinion, que la nature est peuplée d'une multitude d'Esprits différents, est presque aussi ancienne que le monde. Les Égyptiens, qui sont les premiers que nous sachions avoir cultivé les sciences, admettaient diverses substances spirituelles, et plusieurs Ordres de puissances célestes. Le célèbre Mercure Trismégiste avait écrit sur cette matière vingt mille volumes, si l'on peut s'en rapporter à Julius Firmicus [67]. Les Chaldéens admettaient des bons et des mauvais Démons [68] : les premiers étaient les ministres du vrai dieu ; les autres étaient ennemis déclarés des hommes. L'air, la mer et la terre étaient remplis de ces derniers. Il y en avait de six espèces. Les uns étaient de feu, les autres d'air, les troisièmes étaient de terre. Il y en avait d'eau : quelques-uns habitaient sous terre, les derniers qui étaient les plus terribles, ne pouvaient soutenir la lumière [69].

---

[67] *Mercurius Aegytius conscripserat viginit millia voluminum de variis substantiis, & principiis, et Potestatum ordinibus coelestium, quae aliae atque aliae traditae fuerunt, in quibus astrologia et theologia Aegyptiorum explicabatur, quas artes docuerat Aesculapium & Anubium.* Voyez aussi Fabric. *Bib. Graec.* t. I, p. 76.

[68] Stanley, *Hist. Phil.*, p. 11, 31.

[69] Voyez les Notes de Gale sur la S. 2. 0. 3. d'Iamblique. Fabri. *Bibli. Gr.* c. 8, p. 278. Stanley, *Hist. Phil.* part. XIII.

Les Grecs étaient aussi persuadés de l'existence des esprits. Les premiers Poètes, que l'on peut regarder comme leurs Théologiens, nous apprennent ce qu'ils pensaient sur cette matière. Orphée, dans sa prière à Musée [70], reconnaît qu'il y a un grand nombre de différents Esprits répandus partout. Il croyait qu'il y avait des Démons dans le ciel, dans l'air, dans les eaux, sur la terre, sous terre et dans le feu : ce qui revient à la doctrine des Chaldéens. Ces Démons étaient des Esprits supérieurs aux hommes, et presque des demi-dieux. Le nom de Démon n'était pas pris en mauvaise part. Chez les Grecs dans ces premiers temps on le donne quelques fois aux Dieux [71], ainsi qu'on peut le remarquer dans Homère et dans Platon. Orphée croyait aussi que chaque homme était protégé par un bon Génie, et persécuté par un mauvais. Hésiode était persuadé que les hommes de l'âge d'or avaient été changés en Démons après leur mort par la volonté de Jupiter ; que leur fonction était de veiller à la conduite des hommes, d'observer ceux qui menaient une vie vertueuse, de distribuer les richesses à qui ils jugeaient à propos. Il enseigne qu'ils avaient un corps aérien, avec lequel ils se transportaient facile-

---

[70] Orphée, v. 31.
[71] Fabric. *Bibl. gr.*, c. I, p. 177. Plutarque, *des Oracles qui ont cessé* (Rééd. Arbre d'Or, 2004, sous le titre : *Pourquoi les oracles ont cessé*, précédé de *Pourquoi la pythie ne rend plus ses oracles en vers*, traduit et annoté par Ricard (NDE).

ment par toute la terre. C'est Hésiode [72] que l'on croit avoir le premier distingué en quatre classes les êtres spirituels. Les hommes faisaient la plus subalterne. Les Héros, les Génies et les Dieux formaient les trois autres.

Les plus célèbres Philosophes adoptèrent la tradition reçue. Thalès, Pythagore, les Stoïciens admirent des êtres mitoyens entre les Dieux et les hommes; Héraclite enseigna que l'air était rempli de Démons [73].

Si l'on s'en rapporte à un très savant homme dans la doctrine de Platon [74], ce Philosophe croyait que Dieu avait produit le monde et tous les êtres qui lui sont inférieurs. Du nombre de ces êtres, ceux dont la fonction est la plus noble, sont ceux qui ont le Soleil et les autres astres à conduire dans leur orbite, et qui leur font ce que l'âme est au corps. Ces Dieux subalternes sont donc les moteurs des corps célestes.

Le même Platon rapporte, comme une opinion généralement reçue [75], qu'il y a un Démon pour mener chaque homme, dès qu'il est mort, dans une grande assemblée où il est jugé. Lorsqu'il a reçu son jugement, il est mené par ce même Démon au lieu

---

[72] Haetii Alnet. Quaestiones L. 2, c. 4, p. 110. Plutarque, *Des Oracles qui ont cessé.*
[73] Plut., *des Opin. des Phil.*, c. 8. Diog. Laerce, Stan. *Hist. Phil.*, p. 11 et 12.
[74] L'Abbé Fraguier, *Théolog. des Philosophes*, p. 190, après la traduc. *De la Nature des Dieux.*
[75] Phœdon, p. 80, edit Ficini.

qui lui est destiné. Les démons sont invisibles aux hommes [76], quoiqu'ils soient toujours près d'eux. Ils pénètrent jusqu'aux pensées les plus secrètes. Ils aiment les gens de bien, et haïssent les méchants. Ils envoient les prières et les requêtes des hommes vers le ciel aux Dieux, et de là transmettent en terre les oracles et les révélations des choses occultes et futures, et les donations des richesses et des biens. Il y a non seulement des Esprits dans les airs, selon Platon, mais aussi il y a des demi-Dieux qui habitent dans l'eau.

Xénocrate, le chef de l'École de Platon après la mort de ce Philosophe, croyait qu'il y avait en l'air des Natures grandes et puissantes, mais malignes, et qui se plaisaient à tourmenter les hommes [77].

Alcinous, dans l'Ouvrage qu'il a fait pour expliquer la doctrine de Platon son maître [78], assure qu'il y a des Démons dans la terre, dans le feu, dans l'air et dans l'eau, c'est-à-dire, dans les parties de l'univers les plus élevées, dans la région moyenne, et sur la terre ; que toute la terre, et même tout ce qui est au-dessous de la Lune, leur était soumis.

---

[76] Epinomisp,. 1010., ed. Fic., v. aussi _Plutarque_, Traité d'Isis et d'Osiris, trad. d'Amiot (Rééd. Arbre d'Or, 2001, sous le titre : _Isis et Osiris_, traduction et annotations de Ricard (NDE).
[77] Plut., Isis et Osiris, trad. d'Amiot.
[78] De doc. Plat., c. XV.

Posidonius pensait que l'air était rempli d'Esprits immortels [79].

Plutarque était persuadé [80] que sans la doctrine de l'existence des démons, la nature était pour nous une énigme inexplicable. Ce qu'il dit à ce sujet, referme presque en abrégé tout ce que l'Antiquité croyait. « Il me semble, dit-il [81], que ceux qui ont mis l'espèce des Démons entre celle des Dieux et des hommes, ont résolu beaucoup de difficultés, ayant trouvé le lien qui conjoint et tient ensemble, par manière de dire, notre société et communication avec eux, soit que ce propos et cette opinion soient venus des anciens Mages et de Zoroastre, ou bien de l'Égypte, ou de la Phrygie ; et quant aux Grecs, Homère a usé indifféremment de ces deux noms, appelant quelquefois les Dieux Démons, et les Démons Dieux. Mais Hésiode a le premier purement et distinctement mis quatre genres de Nature raisonnables, les Dieux, les Démons plusieurs en nombre et bons, les demi-dieux et les hommes. Car les héroïques sont nombrés entre les demi-Dieux. » Ce que dit ailleurs Plutarque [82], pour expliquer les sentiments des Anciens, mérite d'être rapporté : « et pourtant ont mieux fait et dit (ce sont

---

[79] *Quod plenus fit aer immortalium animorum.* Cicero, *de Divin.*, L. 1, n. 30.
[80] *Des Oracles qui ont cessé.*
[81] Trad. d'Amiot.
[82] *Traité d'Isis et d'Osiris*, trad. d'Amiot.

ses termes), ceux qui ont pensé et écrit que ce qu'on récite de Tiphon, d'Osiris et d'Iris, n'étaient point accidents advenus ni aux Dieux, ni aux hommes, ains à quelques grands Démons, comme ont fait Pythagoras, Platon, Xénocrates, et Chrysippe, suivant en cela les opinions des vieux et anciens Théologiens, qui tiennent qu'ils ont été plus forts et plus robustes que les hommes, et qu'en puissance ils ont grandement surpassé notre nature : mais ils n'ont pas eu la Divinité pure et simple, ainsi ont été un suppôt composé de nature corporelle et spirituelle, capable de volupté, de douleur, et des autres passions et affections qui accompagnent ces mutations. Car entre les Démons, il y a, comme entre les hommes, diversité et différence de vice et de vertu. »

Plotin et Porphyre ont examiné ce qui constitue la différence des Dieux d'avec les Démons. Les Dieux, dit le premier [83], sont sans passion, les Démons en ont, et tiennent le milieu entre les Dieux et les hommes. Les vrais Dieux habitent dans le monde intelligible ; ceux qui résident dans le monde sensible, sont du second ordre. Les Démons ont des corps aériens ou ignés, ils ont commerce avec les corps, il n'en est pas de même des Dieux. Porphyre pense de même. Il écrivait à Nébon que les Dieux étaient de pures intelligences, et que les Démons avaient des corps. Il n'y avait aucune

---

[83] *Ennéade* 3, L. 5, n. 6, p. 295.

diversité à ce sujet entre les Philosophes, si l'on s'en rapporte à Jamblique [84]. Proclus croyait que les Dieux étaient toujours accompagnés d'une grande suite de Démons, dont la plus grande satisfaction était d'être pris pour les Dieux à la suite desquels ils étaient [85].

Maxime de Tyr traite la question des Esprits conformément à la doctrine de Platon, dans la dissertation *Sur le Dieu de Socrate* [86]. Il prétend donc qu'il y a des intelligences mitoyennes entre les Dieux et les hommes ; qu'elles servent d'interprètes aux hommes auprès de la Divinité ; qu'elles sont en très grand nombre ; qu'elles rendent continuellement de bons services au genre humain ; qu'elles procurent la santé, donnent des conseils, découvrent ce qui est caché, contribuent à la perfection des arts, suivant les hommes dans leurs voyages ; qu'il y en a qui président aux villes, d'autres à la campagne, que les unes résident sur la terre, et que d'autres habitent dans la mer. Apulée qui a fait aussi un Ouvrage *Sur le Dieu*

---

[84] *De Mysteriis*, p. I, c. 15.
[85] Circa unumquemque deûm est innumerabilis Daemonum multitudo, aedemque cum ducibus cognomenta reportant. Gratulantur fanè, quando Apollines aut Joves nominantur ; quippe cum propriorum Deorum proprietatem in se ipsis exprimant. V. Gale sur le ch. 20 de la S. 5. d'*Iamblique, de mysteriis.*
[86] Maxime de Tyr, diss., 26.

de Socrate, y a renfermé tout ce que les Platoniciens pensaient au sujet des Démons [87].

Censorin, conformément à la doctrine de Platon, soutient que, dès qu'un homme est né, Dieu lui destine un Génie, pour examiner ses actions et ses pensées, dont il rendra compte dans le jugement que les âmes subiront après leur mort.

Il y a eu des Philosophes qui ne se sont pas contentés de faire gouverner les hommes par un Génie. Ils ont prétendu que chaque homme en avait deux, qui veillaient sur ses actions. C'était le sentiment d'Em-

---

[87] Caeterum sunt quaedam divinae mediae Potestates inter summum aethera et infimas terras in isto interjectae aeris spatio, per quas et defideria nostra et merita as deos commeant. Hos a Graeco nomine *daïmonas* inter coelicolas terricolasque vectores, hinc precum, inde donorum qui ultro citroque portant, hinc petitiones indi suppetias, ceu quidam utriusque interpretes et salutigeri. Per hos eosdem, ut Plato in symposio autumat, cuncta denunciata, et magorum varia miracula, omnesque praesagiorum species reguntur ; eorum quippe de numero praediti curant singula eorum : proinde ut est cuique tributa provincia, vel somniis confirmandis, vel vatibus inspirandis, vel fulminibus jaculandis, vel nubibus coruscandis, caeterisque adeoper quae futura dignoscimus, quae cuncta coelestium voluntate, et numine, et auctoritate, sed Daemonum obsequio, opera, et ministerio fieri arbitrandum est, ex illo purissimo aëris liquido et sereno elemento coalita. Quippe ut fine comprehendam, daemones sunt genere animalia, ingenio rationabilia, animo passiva corpore aëria, tempora aeterna. Apulée, *de Deo Socrate*s. Calchidius sur le *Timée* s'exprime à peu près de même. Daemon, dit-il est animal rationabile, immortale, patibilis, aetherium, diligentiam hominibus impertiens.

pédocle et d'Euclide [88]. Les Romains supposaient qu'il y avait des Génies répandus partout, et qui s'intéressaient à tout ce qui existait : c'est à quoi le Poète Prudence fait allusion [89].

Les peuples les plus éloignés de nous croient encore présentement, que les hommes sont protégés par des Génies. C'est le sentiment des Siamois et des Chinois, de sorte que l'on peut dire avec Calchidius et M. Huet [90], que la Grèce, l'Italie, et les Barbares déposent tous en faveur de cette doctrine. Il ne faut cependant pas dissimuler, que parmi les Stoïciens, il y en avait qui ne voulant, ni contredire l'opinion générale, ni cependant l'admettre, recouraient à l'allégorie. Ils paraissaient vouloir avouer que chaque homme avait un Génie, qui ne l'abandonnait jamais. Mais ce Génie, selon eux, n'était autre chose que l'entendement et la raison, que les hommes avaient reçus de Dieu et de la nature. C'est ce que croyait l'Empereur Antonin [91].

Les Anciens étaient persuadés que, non seulement il y avait des Génies qui aimaient les hommes : ils soutenaient aussi qu'il y avait des esprits méchants, qui

---

[88] Huetii Quaest. Alnet., L. 2, p. 134.
[89] Cum portis, domibus, thermis, stabulis, soleatis
    Adsignare suos Genios, perque omnia membra.
    Urbis, perque locos, Geniorum millia multa.
    Fingere, ne propria vacet angulus ullus ab umbra.
[90] Huet. Quaest. Alnet L. 2, p. 137.
[91] Marc Ant., L. 5.

n'étaient occupés qu'à chercher les occasions de précipiter le genre humain dans le crime. L'Histoire de Dion et de Brutus avait convaincu Plutarque [92] qu'on ne peut s'empêcher de recevoir cette opinion, quelque absurde qu'elle paraisse, qu'il y a des démons envieux et malins, qui s'attachent aux gens les plus vertueux, et qui pour s'opposer à leurs bonnes actions, leur jettent dans l'esprit des frayeurs et des troubles, de peur que, s'ils demeurent fermes et inébranlables dans la vertu, ils n'obtiennent après leur mort une meilleure vie que la leur. Les plus fameux Philosophes enseignaient comme une vérité constante, l'existence de ces mauvais Génies. Empédocle n'est pas le seul, dit Plutarque, qui ait cru qu'il y avait de mauvais Démons. C'était le sentiment de Platon, de Xénocrate, de Chrysippe et de Démocrite. Il est digne de remarque, que ces Philosophes ne pensaient pas que ces mauvais Génies pussent nuire aux hommes, à moins qu'ils n'en eussent obtenu la permission [93] ; ce qui est très conforme à la Doctrine du Livre de Job, qui vraisemblablement n'a jamais été connu des Païens. Le dogme, que tous les hommes sont protégés par un Génie, a passé dans la Théologie Chrétienne, où la Doctrine des Anges gardiens est regardée comme une vérité incontestable ; ce qui a fait

---

[92] Plat. *Vie de Dion.*
[93] Gale sur le ch. 17 de la S. 5. d'Iamblique, *Numina minora*, dit *Servius, nocere non possunt, nisi impetraverint.*

dire à saint Jérôme, que la dignité de l'âme est grande puisque dès qu'elle existe, elle est destinée à être gardée par un Ange [94]. Les Pères étaient aussi persuadés, que les Royaumes et les Églises particulières avaient chacun leur Ange [95]. Origène a plus consulté à ce sujet son imagination déréglée, la vérité ou l'autorité. Il a prétendu que les anges étaient privés de la présence du Père, lorsque celui qui est commis à leur soin succombe à la tentation. Il n'a pas craint d'avancer ailleurs sur un passage du Deutéronome mal entendu, que les anges dans le Ciel tiraient au sort, pour savoir de quelle nation, de quelle province et de quelle personne ils seraient les gardiens [96]. Carlo Fabri n'est pas moins visionnaire qu'Origène. Je ne pense pas, dit Gaffarel [97], avoir jamais rien lu de plus ridicule que ce que cet Auteur a écrit sur les esprits ; car après en avoir discouru comme s'il eut passé une partie de la vie au Ciel et l'autre dans l'enfer, il découvre tous les anges des Princes de la terre, donnant aux sept Électeurs de l'Empire, ceux qu'on reconnaît avoir plus de pouvoir, comme à l'Archevêque de Mayence, premier Électeur et grand Chancelier de Germanie, Michel ; à l'Archevêque de Trêves, grand Chancelier de France,

---

[94] *Magna dignitas est animarum, ut unaquaeque habeat ab ortu nativitatis in custodium fui Angelum delegatum*. Hieron, in Mat., XVIII, v. 10.
[95] Petau, *de Ang.*, L. 2, c. 6 et 7.
[96] Barbeyrac, *de la nature du sort*, p. 102.
[97] *Curiosités inouïes*, c. X, p. 440.

et deuxième Électeur, Gabriel ; à l'Archevêque de Cologne, grand Chancelier d'Italie, et troisième Électeur, Raphaël ; au Palatin du Rhin, quatrième Électeur, Uriel ; au cinquième qui est le Duc de Saxe, Scealtel ; au sixième qui est le Marquis de Brandebourg, Jehadiel ; et au Roi de Bohême qui est le septième, Férediel.

Quelques anciens Pères de l'Église enseignaient aussi que [98] chaque homme était obsédé par un mauvais ange, qui cherchait à le perdre. Hermas le soutient dans son *Pasteur* ; et Grégoire de Nice suppose que c'est une ancienne tradition ecclésiastique. Origène paraissait persuadé, que les vices mêmes avaient des démons particuliers pour protecteurs ; que l'un présidait à l'impureté, l'autre à la colère. Quelques Philosophes réfutés très sérieusement par Plotin [99] ont cru que les maladies des hommes étaient des Démons, ce qui revient à peu près à l'opinion des Juifs, dont nous avons parlé plus haut.

Il est donc constant, que l'existence des esprits est un dogme qui a été généralement reçu partout. Il n'a été contesté que par quelques particuliers, qui passaient pour penser très mal de la Divinité. Les Epicuriens se distinguaient parmi ces incrédules. Cassius, qui était de cette secte, disait [100] qu'il n'était nulle-

---

[98] Petau, *de Ang.*, L. 2, c. 6.
[99] Enneade I, L. 9, n. 14, p. 113.
[100] Plut., *Vie de Brutus*.

ment croyable, qu'il y eut des Démons, ou des Génies ; et que, quand il y en aurait, il serait ridicule de croire qu'ils prissent la figure et la voix des hommes ; et que leur vertu et leur puissance s'étendissent jusqu'à nous. Et conséquemment, ils étaient persuadés [101] que tout ce que l'on disait des apparitions des esprits n'était que contes de vieilles ou d'esprits faibles. Nous serions sans doute beaucoup plus instruits de ce que les anciens pensaient sur les Génies, si nous avions les Ouvrages qu'Alexandre d'Aphrodisium [102], Posidonius, Plotin, Julien de Chaldée, et un Origène, différent du célèbre Auteur ecclésiastique de ce nom, avaient composés sur cette matière ; mais nous avons perdu tous ces écrits, à la réserve de celui de Plotin, que l'on croit être le quatrième Livre de la troisième Ennéade.

---

[101] Plut., *Des Opin. des Phil.*, c. 8 et *Vie de Dion*.
[102] Fabric. *Bib. Grec.*, L. 4, T. 4, p. 78. *Vita Plotini*, p. 97 et 211. Till. *Mem. Eccles*, T. 3, p. 284.

V. — EXPOSITION DE LA DOCTRINE DE JAMBLIQUE

On pourrait être surpris de n'avoir presque pas vu encore citer Jamblique, celui des Auteurs de l'Antiquité, qui a traité le plus à fond la question des Génies : mais c'est précisément cette raison qui nous a déterminés à le réserver pour un article particulier, dans lequel nous donnerons l'abrégé de son système.

Jamblique vivait dans un siècle où l'attention des plus célèbres Philosophes était tournée sur le commerce que les hommes pouvaient avoir avec les Génies. On ne peut lire leurs Ouvrages, sans être rebuté de ce délire continuel, ni sans être étonné de trouver au milieu de ce fanatisme beaucoup de connaissances, et les principes de la plus haute piété. Porphyre avait écrit une lettre, à un Égyptien nommé Anébon, dans laquelle il proposait diverses questions sur la nature des Démons, sur la divination et sur la Théurgie, c'est-à-dire, sur le secret de procurer à l'âme une union intime avec la Divinité. Jamblique sous le nom emprunté d'Abammon composa son Ouvrage *des Mystères des Égyptiens*, dans lequel son intention est d'éclaircir toutes les difficultés de Porphyre. Il y traite très au long de l'apparition des esprits, et il entre dans un très grand détail de tout ce qui se passe dans les entrevues des hommes avec les Génies.

Il prétend [103] que les yeux sont réjouis par les apparitions des Dieux, au lieu que celles des Archanges sont terribles : celles des Anges sont plus douces. Mais lorsque les Démons et les Héros apparaissent, ils inspirent l'effroi : les Archontes causent une impression de douleur en même temps que d'épouvante. L'apparition des âmes n'est pas tout à fait si désagréable que celle des Héros. Il y a de l'ordre et de la douceur dans les apparitions des Dieux, du trouble et du désordre dans celles des démons, du tumulte dans celles des Archontes. Lorsque les Dieux se font voir [104], il semble que le Ciel, le Soleil et la Lune aillent s'anéantir. On imaginerait que la terre ne peut pas résister à leur présence ; à l'apparition d'un Archange, il y a tremblement dans quelque partie du monde : elle est précédée d'une lumière plus grande que celle qui accompagne les apparitions des Anges. Elle est moindre à l'apparition d'un Démon ; et elle diminue encore lorsque c'est un Héros qui se fait voir.

Les apparitions des Dieux sont très brillantes. Il y a moins de clarté dans celles des Archanges et des Anges. Celles des Démons sont obscures, mais encore moins que celles des Héros. Les Archontes qui président au monde sont lumineux, si l'on excepte ceux qui ne sont

---

[103] L. 1, c. 3.
[104] C. 4.

occupés que du soin des choses matérielles. Car ceux-là sont obscurs. Lorsque les âmes apparaissent, elles ressemblent à une ombre. Les visions qui viennent des Dieux sont comme des éclairs ; celles des Archanges et des Anges ressemblent à une lumière très pure ; celles des Démons à un feu trouble et très agité, au lieu que la lumière qui accompagne les apparitions des Dieux ou des Archanges, est immobile. Celle que l'on voit, lorsqu'on aperçoit les Anges, est dans un doux mouvement.

Les Dieux purifient l'âme [105] : les Archanges la rappellent à elle ; les Anges l'affranchissent des liens de la matière ; les Démons au contraire la portent à satisfaire les désirs de la nature. Les Héros lui inspirent l'amour des choses sensibles ; et les Archontes ne l'occupent que des soins matériels.

Les Dieux, dans leurs apparitions [106], donnent la santé au corps, la vertu à l'âme, et la pureté à l'esprit. Ils perfectionnent toutes les facultés de l'homme. Les Archanges produisent souvent les mêmes effets, mais non pas dans la même plénitude. Les Anges sont bienfaisants : ils le sont encore moins que les Archanges. Les Démons appesantissent le corps, rendent malade, retiennent ceux qui ont des désirs élevés. Les Héros portent quelquefois les hommes à de grandes actions. Les Archontes disposent des biens de ce monde. Les

---

[105] C. 5.
[106] C. 4.

âmes pures qui sont dans l'ordre des Anges, ramènent l'âme humaine aux choses vertueuses, et donnent les biens qu'elles font espérer. Les âmes impures remplissent les hommes de passions qui les rendent esclaves du corps. Lorsque les Dieux font leurs apparitions [107], ou ils ont avec eux des Dieux, ou une grande suite d'anges. Les Archanges sont accompagnés toujours des Anges. Les mauvais Démons donnent l'idée des supplices, et semblent avoir avec eux des bêtes féroces. Les Archontes font voir des provinces à l'imagination des hommes.

La lumière que l'on voit à l'apparition des Dieux et des Anges [108] est si subtile, que les yeux corporels ne peuvent la soutenir. Lorsque les Anges se font voir, ils agitent l'air de façon que les hommes n'en sont pas incommodés. On entend du bruit dans l'air à l'apparition des Héros. Les Archontes sont accompagnés de fantômes. L'âme ressent une joie ineffable lorsque les Dieux lui apparaissent ; elle produit pour lors des actes d'amour. La vue des Archanges donne de l'intelligence pour les choses spirituelles. L'apparition des Anges inspire l'amour de la raison, de la sagesse, de la vérité et de la vertu. Les Démons donnent aux hommes le désir de la génération ; ils augmentent la cupidité. La vue des Dieux fait faire de belles actions et procure de grands biens. Les Démons, les Héros,

---

[107] C. 7.
[108] C. I.

les Archontes, ne donnent que des choses matérielles, terrestres, et mondaines.

Les Dieux ne se font voir qu'aux gens vertueux [109], après qu'ils se sont purifiés par les sacrifices. Ils les fortifient contre les vices et les passions. Alors, ce que les gens de biens tenaient des démons s'éclipse, comme les ténèbres fuient devant le Soleil. Lorsque les impurs sacrifient, ils n'obtiennent point par là la grâce de voir les Dieux. Ils attirent seulement les esprits méchants qui les excitent au crime.

Il y a des Dieux de diverses espèces [110]. Les uns ont des corps, et il faut sacrifier à ceux-ci des choses sensibles. Il y en a d'autres dégagés de la matière [111] : il ne leur faut rien offrir de terrestre. Ces derniers ne font aux hommes que des présents spirituels. Les Provinces sont commises à l'inspection des Dieux et des Anges auxquels elles ont été partagées [112].

La Théurgie [113], qui est l'art de commander aux esprits, a été apprise aux hommes par Mercure, et expliquée par Bytis, qui avait étudié les Hiéroglyphes d'Égypte. Les Théurges passaient [114] pour avoir le secret d'évoquer les Dieux par des paroles

---

[109] L. 3, c. 1.
[110] L. 5, c. 14.
[111] c. 17.
[112] c. 15.
[113] L. 4, c. 1.
[114] L. 7, c. 5.

mystérieuses, et lorsqu'il y avait quelque résistance, la Théurgie avait recours à des menaces qui triomphaient de l'opiniâtreté des Dieux [115]; c'est ce qu'assurent Jamblique et Chérémon. Saint Augustin a eu connaissance de ces cérémonies extravagantes; et il en fait mention dans sa *Cité de Dieu* [116].

On a pu remarquer, qu'Iamblique parle de quelques ordres d'esprits, que les autres auteurs profanes n'ont pas connus, comme des Archontes et des Archanges. Ces derniers n'étaient pas inconnus à Porphyre. Gale a observé [117] que le nom d'Archonte avait été donné au démon par J. C. [118]. Quant aux Archanges, Gale a prétendu [119] que les Livres des Juifs et des Chrétiens avaient pu apprendre à Porphyre et à Jamblique l'existence de ces esprits; mais il est très possible aussi, que ce soit dans les Ouvrages des Chaldéens que ces Philosophes aient puisé cette connaissance. Car il est constant que les Platoniciens des derniers temps lisaient plus les Ouvrages de Zoroastre et les livres profanes, que ceux des Chrétiens. Il est certain aussi

---

[115] L. 6, c. 5. V. Gale sur cet endroit.
[116] Quando ille, qui carminibus cogit ea prodere vel evertere, comminatur, ubi se etiam Osiridis membra dissiparurum terribiliter dicit, si facera jussa neglexerins. *De civit. Dei*, L. X, c. XI.
[117] Gale sur le ch. 7 de la S. 2 d'Iamblique.
[118] Jean, c. 12, v. 31.
[119] Gale, p. 206.

que les Chaldéens admettaient des Archanges [120]. Grotius était persuadé, que c'était à Babylone que les Juifs avaient appris l'existence de cet ordre de Génies, et ce qui pourrait confirmer l'opinion de ce savant homme, c'est qu'il n'est point parlé des Archanges dans les Livres sacrés écrits avant la captivité.

---

[120] Notes de Gale sur la f. 2, c. 3. *Fabr. Bibl.*, c. 8, p. 178. Stanley, *Hist. Phil.*, p. XIII.

VI. — LES ANCIENS CROYAIENT QUE LES ESPRITS MÉRITAIENT, QU'ILS CHANGEAIENT D'ÉTAT. LEUR IMMORTALITÉ ET LEUR NOMBRE.

Les plus anciens Philosophes ne croyaient pas que les esprits restassent toujours dans un état permanent. Ils supposaient qu'ils étaient libres, et qu'ils étaient punis des fautes qu'ils faisaient. C'est ce qu'enseigne Empédocle [121], qui ajoute qu'après le temps de leur punition, ils recouvrent derechef le lieu, le rang et l'état qui leur est propre selon leur nature. C'était une opinion générale, que les êtres spirituels pouvaient mériter de passer d'un rang moins élevé dans un ordre supérieur. Hésiode, comme nous l'avons déjà vu, a prétendu que les âmes des hommes de l'âge d'or avaient été changées en Démons. Plutarque a adopté cette opinion dans son traité sur l'esprit familier de Socrate. Il faut être fortement persuadé, dit-il ailleurs [122], que par la vertu les âmes des hommes deviennent par l'ordre des Dieux Héros, des Héros Génies ; et si elles ont passé toute leur vie comme les jours des saintes cérémonies et des purifications, dans la pureté et dans l'innocence, sans avoir commis aucune œuvre mortelle, ni fléchi sous

---

[121] Plut., *Traité d'Isis et d'Osiris*.
[122] Plut., *Vie de Romulus*.

le joug des passions, de Génies elles deviennent des véritables Dieux, et reçoivent la plus grande et la plus heureuse de toutes les récompenses, non pas par un arrêt public d'une ville, mais réellement, et par des raisons qui se tirent de la Divinité même. Il répète ailleurs [123] qu'il arrive quelquefois que les bons Démons sont changés en Dieux, en récompense de leur vertu; et que c'est ainsi qu'Isis et Osiris sont parvenus à la Divinité.

Le nombre des âmes qui sont métamorphosées en Dieux est très petit, si l'on s'en rapporte à Plutarque. « Les autres disent [124] qu'il se fait mutation d'âmes, ce sont les termes de cet Auteur, se tournant d'hommes en demi-Dieux, et de demi-Dieux en Démons; et de Démons, bien peu et avec fort long espace de temps, après être bien affinées, et entièrement purifiées par la vertu, viennent à participer de la Divinité: et y en a qui ne se peuvent contenir, ainsi se laissent aller et s'enveloppent derechef de corps mortels, où ils vivent d'une vie sombre et obscure, comme d'une fumée. »

Les Dieux Lares et les Dieux Pénates avaient été des âmes humaines, si l'on croit Labéon cité par Ser-

---

[123] Plut., *Traité d'Isis et d'Osiris*.
[124] Plut., *Des oracles qui ont cessé*, trad. d'Amiot.

vius [125]. Jamblique a enseigné aussi [126] que les âmes devenaient souvent Anges par la bonté des Dieux. Maxime de Tyr ajoute [127], qu'après avoir été métamorphosées en Démons, elles veillent sur la conduite des autres hommes.

Les Théologiens Chrétiens ont aussi examiné la question, si les âmes pouvaient devenir Anges ? Psellus a traité cette matière. Il soutient [128] avec raison que les âmes des hommes étant des espèces absolument différentes des Anges, cette transmutation n'est pas possible. Origène avait pensé différemment, comme nous l'avons vu plus haut.

Il y avait partage de sentiments entre les Anciens sur l'immortalité des démons. Hésiode cité par Plutarque [129] prétendait, qu'après certaines révolutions, ils venaient à mourir. Le temps de leur durée, ajoute-t-il, est de neuf mille sept cent vingt ans [130]. D'autres cependant la font plus courte. Les Stoïciens ne déterminaient point le nombre d'années que les Démons

---

[125] *Labeo in libris qui appellantur de diis, quibus origo animalis est, ait esse quaedam facta, quibus animae humanae vertantur in deos, qui appellantur animales, quod de animis fiant. Hi autem sunt dii Penates et Lares.* Servius, sur le 3ᵉ Livre de l'Eneide.
[126] Jamb., f. 2, c. 2.
[127] Max. Tyr. Diss., 27.
[128] Psellus, *de omn. Doctr.*, n. 32, p. 94 ; Fabr. *Bib. Grec.*, T. 5, p. 84
[129] Plut., *Des Oracles qui ont cessé.*
[130] Soit quatre fois et demie la durée de la Grande Année platonicienne (2160 ans) (NDE).

vivaient ; mais ils soutenaient qu'ils étaient mortels, et qu'en une si grande multitude de Dieux que l'on tient [131], il n'y en a qu'un seul qui soit éternel et immortel, et que tous les autres ont eu commencement par naissance, et prendront fin par mort. Les Platoniciens qui croyaient les Génies immortels, prétendaient en même temps qu'ils étaient paisibles [132].

Le nombre de ces esprits a été aussi l'objet de la spéculation des curieux. Enée de Gaza copiant ce qu'il avait vu dans les Philosophes Païens, a écrit [133] que le ciel, l'air, la terre, la mer, l'æther et ce qui est sous la terre, était rempli d'esprits bons et mauvais. Quelques Pères ont examiné si les Anges étaient supérieurs en nombre aux hommes. Il y en a qui ont cru, qu'il y avait cent fois plus d'Anges que d'hommes ; et ils se fondaient sur cette parabole de l'Évangile, qu'un homme qui avait cent brebis, en ayant perdu une, alla la chercher. Cette brebis perdue est, selon eux, le genre humain [134]. Psellus pour faire voir qu'il y a beaucoup plus d'hommes que d'Anges, se sert d'une raison à peu près de la même force. Les Anges, les Archanges, les Puissances, dit-il, ressemblent plus à

---

[131] Plut., *Ibid.* trad. d'Amiot.
[132] Max. Tyrius, diss., 17.
[133] Petau, *de angelis*, L. I, c. 14.
[134] *Ergo nonaginta novem non errantes, multitudo Angelorum coelestium opinanda est.* Hilarius.

la divinité que les hommes ; donc ceux-ci doivent être en plus grand nombre [135].

Les mauvais esprits ont aussi été partagés en divers Ordres. On en a distingué neuf classes. Wier en parle au long [136] : on trouve aussi chez lui [137] le nom de tous les chefs des légions des Diables, et la description des figures, sous lesquelles ils paraissent.

Les Théologiens qui ont examiné comment les génies pouvaient agir sur les hommes, ont décidé que c'était en remuant leur imagination, et en mettant les esprits et les humeurs en mouvement [138]. Ce qui doit rassurer ceux que la crainte des actions des génies inquiéterait, c'est que les Écrivains qui ont recherché avec le plus d'attention les opérations de ces êtres, ont avoué [139] que leur curiosité n'avait pas été satisfaite. Gaffarel, très érudit dans ces matières, l'assure positivement [140]. D'ailleurs, supposé la réalité des discours que les Écrivains crédules tiennent au sujet des Génies, un homme sage n'en doit pas plus être inquiet que s'ils n'existaient pas ; il doit mettre

---

[135] *De omn. Doctr.*, n. 19, Fabr. *Bib. Grec.*, T. 5, p. 84.
[136] *De præst. Dæm.*, c. 17, p. 77.
[137] Pseudo-monar. *Dæm.*, p. 650.
[138] *Per motum localem spirituum et humorum* : Thomas, quæs. II, Ar. 3, part. 1.
[139] Campanella, Riolan, Symphorien, Champier, assurent que, quoiqu'ils aient fait, ils n'ont jamais rien pu voir de surnaturel, au moins de ces œuvres qu'on disait de leur temps procéder des démons.
[140] *Curiosités inouïes*, 2ᵉ partie, c. 7, p. 378.

toute sa confiance en Dieu, sans la permission duquel ces êtres malins n'ont aucune autorité sur l'homme, et qu'on doit croire ne l'accorder jamais que pour des raisons fort importantes.

Table des matières

I. — CE QUE L'ÉCRITURE NOUS APPREND DES ESPRITS 4

II. — PLUSIEURS PÈRES DES PREMIERS SIÈCLES ONT CRU QUE LES ANGES AVAIENT DES CORPS 14

III. — RÊVERIES DES PREMIERS HÉRÉTIQUES AU SUJET DES SUBSTANCES INTELLIGENTES. 19

IV. — LES PLUS FAMEUX PHILOSOPHES ONT ADMIS DES ESPRITS 26

V. — EXPOSITION DE LA DOCTRINE DE JAMBLIQUE 39

VI. — LES ANCIENS CROYAIENT QUE LES ESPRITS MÉRITAIENT, QU'ILS CHANGEAIENT D'ÉTAT. LEUR IMMORTALITÉ ET LEUR NOMBRE. 46